DE LA PEUR À LA GRÂCE

HENRI J. M. NOUWEN

De la peur à la grâce

Traduit de l'anglais américain par Paul Longpré

BELLARMIN

Illustrations : Normand Cousineau

Données de catalogage avant publication (Canada)

Nouwen, Henri J. M.
De la peur à la grâce
Traduction de : A cry for mercy.
ISBN 2-89007-930-9

1. Prières. I. Titre.
BV245.N6914 2002 242'.802 C2002-941201-3
Dépôt légal : 3e trimestre 2002
Bibliothèque nationale du Québec

Publié selon entente avec Doubleday
A division of Bantam Doubleday Dell Publishing Group inc.

Les Éditions Fides remercient le ministère du Patrimoine canadien du soutien qui leur est accordé dans le cadre du Programme d'aide au développement de l'industrie de l'édition. Les Éditions Fides remercient également le Conseil des Arts du Canada et la Société de développement des entreprises culturelles du Québec (SODEC). Les Éditions Fides bénéficient du Programme de crédit d'impôt pour l'édition de livres du Gouvernement du Québec, géré par la SODEC.

IMPRIMÉ AU CANADA

Je dédie ces prières à la mémoire de mon oncle, Toon Ramselaar,
qui m'a guidé sur le chemin du sacerdoce et m'a toujours appuyé,
dans mon travail comme dans ma vocation, par son amitié
et ses prières, jusqu'au jour de sa mort, le 1er janvier 1981.

Prologue

De février à août 1979, j'ai vécu avec les trappistes de l'abbaye de Genesee, dans le nord de l'État de New York. Ce n'était pas mon premier séjour à ce monastère. En 1974, j'avais été autorisé à y passer sept mois, partageant jour et nuit la vie des moines. Expérience toute nouvelle pour moi. Je n'avais jamais vécu dans un couvent de contemplatifs. Chaque jour me réservait des surprises. J'ai dû m'habituer à me lever à 2 heures du matin et à me coucher à 7 heures du soir. Il m'a fallu apprendre à manipuler les moules brûlants de la boulangerie, à détecter les petits cailloux dans une pleine cuve de raisins et à repérer les pierres qui convenaient à la construction de la nouvelle église.

Par-dessus tout, il a fallu me familiariser avec les nombreuses heures de prière et de méditation, de même qu'avec les petites habitudes de la vie commune. Bien que je n'aie jamais songé à me faire moine trappiste, ce stage a été pour moi une sorte de noviciat. Grâce à l'accompagnement personnel de l'abbé, John Eudes Bamberger, ces sept mois ont été un vrai temps de formation spirituelle.

Il se passait tant de choses en moi et autour de moi que j'ai senti le besoin d'en tenir un journal pour m'aider à en tirer profit. De retour à l'enseignement, j'ai montré ce journal à mes amis. Mes expériences se sont révélées moins originales que je ne le croyais; plusieurs reconnaissaient leurs propres luttes dans celles que j'avais vécues. C'est ce qui m'a poussé à publier *The Genesee Diary.*

Mon second stage à l'abbaye a été très différent. De nouvelle et surprenante, la vie monastique m'était devenue familière. Tout ce qui m'avait tant étonné la première fois m'apparaissait tout à fait banal. Rien n'avait changé. En quelques heures je me suis retrouvé aux prises avec les moules brûlants. Le vendredi matin, frère Théodore m'a accueilli à la cuve de raisins comme si je n'avais jamais quitté les lieux. Je n'ai pas eu besoin d'initiation ou d'entraînement: les mêmes hommes, les mêmes manières et le même esprit joyeux me souhaitaient la bienvenue. Rien de triste ou d'ennuyeux dans cette uniformité. Au contraire, ma familiarité avec les gens, les lieux et les activités me dispensait de tout préliminaire. Elle me laissait entière liberté de me concentrer d'entrée de jeu sur le but de mon séjour: être avec Dieu en prière.

Le rythme lent de la vie monastique m'a révélé que le Seigneur, immuable dans sa tendresse, avait attendu que je revienne passer du temps avec lui, et avec lui seul. Dès l'instant que j'ai mis les pieds dans ce milieu devenu familier, j'ai pris conscience que rien ne pouvait me retenir là six mois de temps sinon le Seigneur lui-même. Je n'avais plus besoin d'un journal pour noter les événements quotidiens ou le contenu de mes rencontres hebdomadaires avec le père abbé. Tout cela n'avait pas perdu son intérêt, mais était devenu, en quelque sorte, aussi naturel que de respirer. Il n'y avait plus lieu d'en rendre compte.

La prise de conscience du fait que la prière était l'unique raison de mon séjour au monastère m'a amené à me demander si d'écrire au moins une prière par jour ne serait pas pour moi une bonne discipline. Au départ, je n'en étais pas certain. Mes relations avec le Seigneur ne sont-elles pas trop personnelles pour être jetées sur le papier ? Est-ce que cette forme la plus sacrée de l'expression humaine ne devait pas rester spontanée ? Convenait-il de la contraindre par l'acte d'écrire, acte éminemment conscient ? Le fait d'écrire ne rendrait-il pas la prière plus difficile ?

En dépit de toutes ces objections, j'ai suivi mon intuition : m'asseoir à la fin de chaque journée pour exprimer en des mots simples la prière qui me viendrait au cœur. Le fruit de cet exercice, ce sont les prières réunies dans ce livre. Je ne le fais pas dans l'intention de montrer à prier à qui que ce soit. Ni à titre de méthode. Je le fais parce que ces prières, dans leur impuissance maladroite, sont susceptibles de révéler la présence réelle et puissante de l'Esprit divin qui nous a été promis par notre Seigneur comme guide. Un guide qui ne nous ferait jamais faux bond. Mon seul espoir est que ceux qui reconnaîtront dans ces prières les cris de leur cœur y percevront aussi la calme prière de l'Esprit de Dieu dans leurs propres bégaiements.

Une année après la rédaction de ces prières, j'ai ajouté de courtes introductions pour proposer des thèmes généraux et indiquer certains développements qui se sont produits au cours de mes six mois à l'abbaye. J'espère que ces introductions rendront les prières plus accessibles.

1

Un cœur pétri de peur

(FÉVRIER-MARS)

Bien des peurs nous tenaillent : peur des gens, peur de Dieu. Et plus primaire encore, indéfinie, diffuse : l'anxiété. Je me demande si la peur n'est pas le principal obstacle à la prière. Quand nous entrons en présence de Dieu et que nous commençons à sentir ce vaste réservoir de peurs en nous, l'envie nous vient de nous évader dans les distractions que notre monde fébrile nous offre en abondance. Mais nous ne devrions pas avoir peur de nos peurs. Nous pouvons les affronter. Les mettre en mots. Les mettre en présence de celui qui dit : « N'aie pas peur. C'est moi. » Nous avons tendance à ne montrer au Seigneur que ce qui nous semble convenable en nous. Mais plus nous lui révélons l'être pétri de peurs que nous sommes, plus nous sommes en mesure de sentir que son amour, le Parfait Amour, chassera toutes nos peurs.

Ô Seigneur Jésus-Christ, toi qui as pardonné ses péchés au paralytique avant de l'inviter à marcher de nouveau, je te prie de faire que les six mois de retraite que je m'apprête à vivre me rendent plus conscient de ta présence miséricordieuse dans ma vie et moins préoccupé de performance aux yeux du monde. Donne-moi de te reconnaître dans cette partie de moi-même toujours vierge, au plus profond de mon cœur, là où tu habites et me guéris. Donne-moi de faire l'expérience de toi au plus intime de mon être, là où tu veux m'enseigner et me guider. Donne-moi de t'accueillir comme un frère bien-aimé qui ne retient rien contre moi, pas même mes pires péchés, mais qui veut m'embrasser tendrement. Arrache de mon cœur les innombrables peurs, les soupçons et les doutes qui t'empêchent d'être mon Seigneur. Donne-moi le courage et la liberté de paraître nu et vulnérable à la lumière de ta présence, confiant en ton insondable miséricorde.

Je sais la force de ma résistance. Je reconnais ma propension à fuir rapidement la lumière, à me réfugier dans les ténèbres. En même temps, je sais que tu m'appelles à la lumière, là où je pourrai voir non seulement mes péchés, mais aussi ta bienveillance infinie. Sois près de moi à chaque heure que je passerai dans cette communauté, de sorte que je sois pour mes frères un vrai signe d'espoir. Non pas à cause de ce que je suis, mais à cause de ce que tu fais en moi.

Merci, ô Seigneur, de m'avoir mené ici, et de me donner encore une chance de te rencontrer en chemin. Louange et gloire à toi, maintenant et à jamais. Amen.

Ô Seigneur, pourquoi m'est-il si difficile de garder mon cœur tourné vers toi ? Pourquoi ma tête est-elle encombrée de pensées, de souvenirs et de choses à faire, même durant les heures où j'ai toute liberté d'être avec toi, et toi seul ? Pourquoi mon esprit s'égare-t-il dans de multiples directions ? Pourquoi mon cœur désire-t-il les choses qui m'éloignent de toi ? Est-ce que tu ne me suffis pas ? Pourquoi est-ce que je m'entête à douter de ton amour et de ta bienveillance, de ta pitié et de ta grâce ? Pourquoi est-ce que je m'inquiète encore, dans mon for intérieur, de savoir si tu me donneras tout ce dont j'ai besoin pourvu que je garde mon regard fixé sur toi ?

Je t'en prie, accepte mes distractions et ma fatigue, mes errances et mes hésitations. Tu me connais mieux que je ne me connais moi-même. Tu m'aimes d'un amour plus grand que ma capacité d'aimer. Tu m'offres même plus que ce que je puis désirer. Regarde-moi. Vois ma misère et la confusion de mon cœur.

Fais-moi pressentir ta présence au milieu de l'inquiétude qui m'agite. Tout ce que je peux faire, c'est me montrer à toi. Et même cela, j'ai peur de le faire. J'ai peur que tu me rejettes. Mais je sais, de cette certitude que procure la foi, que tu veux me donner ton amour. Tu n'attends qu'une chose de moi, que je ne me cache pas de toi. Que je ne m'enfuie pas, désespéré. Que je ne fasse pas comme si tu étais un impitoyable despote.

Prends dans tes bras mon corps fatigué, mon esprit confus, mon âme tourmentée. Donne-moi de connaître le repos. Le simple et paisible repos. Est-ce trop demander trop tôt? Je ne devrais pas m'en faire pour cela: tu me feras signe... Viens, Seigneur Jésus, viens! Amen.

Aujourd'hui, ô Seigneur, j'ai vécu une peur intense. Tout mon être semblait envahi par la peur. Aucune paix, aucun repos possible. Seulement la peur brute: peur de la dépression nerveuse, peur de ne pas vivre la bonne vie, peur du rejet et de la condamnation. Et peur de toi. Ô Seigneur, pourquoi m'est-il si difficile de surmonter ma peur? Pendant les courts moments de travail manuel, il m'a semblé qu'elle s'atténuait quelque peu.

Je me sens si impuissant à vaincre cette peur. Peut-être est-ce ta façon de m'appeler à être solidaire de tous ceux qui sont paralysés par la peur dans le monde ? De ceux qui souffrent cruellement de la faim et du froid en cet hiver rigoureux. De ceux qui redoutent une attaque surprise de la guérilla. De ceux qui sont enfermés dans des prisons, des institutions psychiatriques ou des hôpitaux. Ô Seigneur, ce monde est pétri de peur. Fais de ma peur une prière pour les apeurés. Fais que cette prière raffermisse leur courage. Peut-être alors mes ténèbres seront-elles lumière pour les autres ? Et ma douleur profonde, source de guérison pour les autres ?

Toi aussi, ô Seigneur, tu as été en proie à la peur et à l'angoisse — ta sueur est devenue comme des gouttes de sang. Ô Seigneur, joins ma peur à la tienne, de sorte qu'elle ne me retienne pas dans les ténèbres, mais débouche en pleine lumière. Qu'elle me révèle ta croix comme signe d'espérance. Amen.

Merci, ô Seigneur, pour ce jour qui s'achève. Je n'ai pas senti ta présence. Je n'ai pas entendu ta voix. Je n'ai pas vu ton doux visage. Mais la peur dévastatrice a quitté mon âme. Du moins pour plusieurs heures. Merci, pour les heures de calme à la boulangerie, les heures de paix dans ma chambre, les heures de sérénité dans l'église. J'ai pu penser, lire et prier un peu. Il y a même eu un moment où j'ai pu imaginer que je connaîtrais à nouveau, un jour, la paix et la joie. Merci, ô Seigneur, pour tout cela. Je lis beaucoup sur toi. Sur les moyens de te connaître. Ce que j'en comprends, je te prie de le faire descendre un jour dans mon cœur et de me donner la lumière intérieure.

Je t'appelle, ô Seigneur, de mes ténèbres silencieuses. Montre-moi ta miséricorde et ton amour. Fais-moi voir ton visage, entendre ta voix, toucher l'ourlet de ton manteau. Je veux t'aimer. Être avec toi. Te parler et me tenir tout simplement en ta présence. Par moi-même, je ne peux rien de tout cela. S'incliner et joindre les mains, ce n'est pas prier. Lire un ouvrage sur ta présence, ce n'est pas vivre avec toi.

Viendra un moment, j'en ai la conviction, où tu te manifesteras à moi. Comme tu l'as fait à tes disciples apeurés. Tu me diras : « N'aie pas peur. C'est moi. » Ne retarde pas ce moment, ô Seigneur. Ou si tu juges qu'il vaut mieux tarder, donne-moi la patience d'attendre. Amen.

Est-ce que ce sera une période de purification, Seigneur ? Est-ce maintenant que tu me feras voir mes chaînes ? Que tu me donneras le courage de m'en défaire ? Est-ce maintenant ma chance de découvrir ma prison ? Et de m'en évader ?

Le père abbé a dit : « Voici un temps de purification. Un temps pour identifier vos relations ambiguës et vos attitudes ambivalentes. Voici le temps de prendre des décisions. De choisir des directions. » Seigneur, c'est toi qui m'as dit cela. Si je crois en ton Église et en la voix de ceux qui parlent en son nom, c'est donc toi qui me fais voir le sens de mon séjour ici : « Identifier et choisir ».

Et tu as dit aussi : « Priez, même si vous n'en sentez aucun attrait. » Oui, Seigneur, je vais essayer de prier. Même lorsque, conscient de mon indigence, j'aurai peur de me trouver devant ta face. Même quand je tomberai endormi. Ou que j'aurai l'impression de tourner en rond. Même quand il me semblera qu'il ne se passe rien.

Oui, Seigneur, je vais prier. Pas seulement avec les autres, soutenu par le rythme du chœur, mais aussi seul à seul avec toi. Je vais essayer de ne pas avoir peur. Seigneur, donne-moi le courage et la force. Fais que je me voie à la lumière de ta miséricorde et que je te choisisse. Amen.

Ô Seigneur, c'est une grande grâce de me trouver au monastère pour le carême. Comme il m'est arrivé souvent de traverser toute cette période sans me soucier de faire pénitence, de jeûner ou de prier! Comme je me suis souvent privé des fruits de ce temps de grâce sans même m'en rendre compte! Mais comment donc ai-je jamais pu célébrer Pâques sans vivre le carême? Comment me réjouir pleinement de ta résurrection si je n'ai pas pris part à ta mort?

Oui, Seigneur, avec toi, à travers toi et en toi, je dois mourir pour être en mesure de te reconnaître quand tu m'apparaîtras ressuscité. Il y a tant de choses en moi qui doivent mourir: fausses affections, convoitise, colère, impatience, mesquinerie. Ô Seigneur, je suis centré sur moi, rempli de moi, de ma carrière, de mon avenir, de ma renommée. Il m'arrive souvent d'avoir l'impression de me servir de toi à mon propre avantage. Comme cela est grotesque, triste, sacrilège! Seigneur, je sais que je dis vrai: j'ai souvent parlé de toi et agi en ton nom pour ma propre gloire et mon succès. En ton Nom, je n'ai pas subi la persécution, ni l'oppression ni le rejet. Non, j'en ai tiré profit! Je vois clairement à quel point j'ai peu consenti à mourir avec toi. À marcher sur tes pas en toute foi. Ô Seigneur, fais que ce carême soit différent, fais que je te retrouve. Amen.

Seigneur Jésus, tu es le premier parmi les justes. Tu as vécu la vie du Juste. C'est à cause de toi que ton Père céleste maintient le monde et nous fait voir sa miséricorde, à nous qui sommes pécheurs. Qui suis-je, Seigneur, pour compter sur ton amour, ta protection, ta miséricorde ? Qui suis-je pour mériter une place dans ton cœur, dans ta maison, dans ton royaume ? Qui suis-je, Seigneur, pour espérer ton pardon, ton amitié, ton étreinte ? C'est pourtant ce que j'espère. Ce à quoi je m'attends. Ce sur quoi je compte. Non pas à cause de mes mérites. Seulement à cause de ton infinie miséricorde. Tu as vécu pour nous une vie qui plaise à Dieu. Ô Seigneur, tu es le seul Juste, le Béni, le Bien-aimé, le Parfait, le Miséricordieux.

Je prie pour que ton Père, le Père de toute l'humanité, celui qui m'a créé et me maintient en vie jour après jour, puisse reconnaître ta marque en moi et me recevoir, à cause de toi. Aide-moi à te suivre. À unir ma vie à la tienne. À devenir un miroir de ton amour. Amen.

Écoute, ô Seigneur, ma prière. Entends mon désir d'être avec toi, d'habiter ta maison et de laisser tout mon être se remplir de ta présence. Rien de cela n'est possible sans toi. Quand ce n'est pas toi qui m'habites, je suis bientôt plein de pensées et de soucis qui m'accaparent et m'arrachent à toi. Même quand je pense à toi, mes « bonnes » pensées peuvent fort bien n'être que distractions si tu n'en es pas l'auteur.

Ô Seigneur, la réflexion et les débats théologiques, les échanges spirituels, l'intérêt pour l'histoire de la spiritualité chrétienne, et même la prière et la méditation, tout cela peut être le fait de la convoitise, comme le désir immodéré de nourriture, de biens, de pouvoir.

Jour après jour, je vois bien que toi seul peux m'enseigner à prier, toi seul peux mettre mon cœur au repos, toi seul peux me faire habiter en ta présence. Aucun livre, aucune idée, nul concept, nulle théorie ne me rapprocheront de toi à moins que tu me donnes toi-même ces instruments comme voie d'accès à toi.

Seigneur, fais que je sois ouvert à ton initiative, que j'attende patiemment et attentivement ce moment où tu viendras, où tu fracasseras toutes mes barricades. Enseigne-moi, ô Seigneur, à prier. Amen

Ô Seigneur, fais que je te loue, que je te bénisse, que je t'adore. Trop souvent, ma prière tourne à l'introspection, à la rumination de mes sentiments, de mes émotions. Trop souvent, je me surprends à débiter des lamentations, ou je me laisse distraire par les gens et les évènements qui habitent mon esprit agité. Ô Seigneur, pourquoi est-ce que je me concentre tant sur ce qui me sépare de toi ? Tu es la source de toute bonté, de toute beauté, de tout amour. Tu m'as prouvé ta miséricorde en venant à moi, en me faisant participer à ta propre vie à travers la vie de l'Église. Et je continue à vivre comme si des milliers d'autres choses méritaient plus d'attention que toi.

Aide-moi dans mes efforts pour faire de toi le centre de ma vie intérieure. Fais-moi le don de la prière. Montre-moi clairement, sans équivoque, à quel point je me leurre. Donne-moi la force de suivre cette intuition. Par-dessus tout, ô Seigneur, fais-moi comprendre que tous mes soucis seront pris en charge en toi et par toi. Tu ne méprises pas mes inquiétudes. Tu me demandes simplement de te les confier de sorte que je garde les yeux sur toi et sur ton royaume.

Ô Seigneur, enseigne-moi ta voie. Amen.

Tout s'écroule et passe, ô mon Dieu. J'arrive à peine à me souvenir d'évènements qui accaparaient toute mon attention il y a quelques années. Des conflits qui me paraissaient graves il y a quelques mois me semblent maintenant banals et ne valent pas la peine que je m'y arrête. Les tourments qui troublaient mon sommeil il y a quelques semaines ne sont plus que de vagues émotions. Des livres qui m'avaient captivé il y a quelques jours ne me semblent déjà plus si importants. Les pensées qui m'envahissaient il y a à peine quelques heures ont perdu leur pouvoir, ont fait place à d'autres pensées.

Pourquoi m'est-il si difficile de tirer les conclusions de cette intuition ? Pourquoi suis-je continuellement piégé par un sentiment d'urgence et de nécessité ? Pourquoi est-ce que je ne vois pas que tu es éternel ? Que ton royaume dure à jamais ? Que pour toi, mille ans sont comme un jour ? Ô Seigneur, donne-moi d'entrer en ta présence, de goûter à l'amour absolu et immuable avec lequel tu m'invites à lâcher prise devant mes angoisses, mes peurs, mes inquiétudes, mes soucis. « Cherchez d'abord le Royaume, as-tu dit, et tout le reste vous sera donné par surcroît. » Tout ce qui occupe mon temps prendra son vrai sens quand je le verrai du lieu où tu me veux, celui de l'amour infini.

Seigneur, enseigne-moi tes chemins et donne-moi le courage de m'y engager. Amen.

Ô Seigneur, donne-moi un cœur pur afin que je puisse te voir et t'entendre dans la splendeur de la sainte liturgie. Bien souvent je chante les psaumes mais je reste sourd ! Bien souvent je vois le pain et le vin mais je reste aveugle ! Ô Seigneur, pourquoi tardes-tu tant à me mener au sommet de la montagne pour me montrer la lumière de ta transfiguration et me faire entendre ta voix ? Je sais, je sais, mon cœur n'est pas assez pur. Je suis rempli de mes désirs égoïstes, de mes radotages, de mon introspection morbide. C'est pour cela que je reste aveugle et sourd, que je ne te vois pas, que je ne t'entends pas. Toi qui désires pourtant être vu et entendu, je veux vraiment te voir, Seigneur, mais mes efforts pour atteindre à la pureté du cœur me semblent vains. J'ai souvent l'impression d'être entouré de pièges, et plus je me débats, plus je m'empêtre. Toi seul, ô Seigneur, peux me sortir de ce traquenard. Prends-moi par la main et conduis-moi au sommet de la montagne. Purifie mon cœur et fais-moi voir ta lumière. Je n'ai pourtant pas à aller loin. Tu m'as donné la Parole pour t'entendre, et le pain et le vin pour te goûter. Viens donc, ô Seigneur. J'ouvre mon cœur à ta présence. Fais que je te reconnaisse là où tu es. Amen.

Ô Seigneur, qui ou quoi d'autre puis-je désirer sinon toi ? Tu es mon Dieu, le Maître de mon cœur, de mon esprit et de mon âme. Tu me connais par cœur. Tout ce qui est trouve à la fois son origine et sa fin en toi et à travers toi. Tu embrasses tout ce qui existe et le maintiens dans l'existence par ton éternel amour et ton infinie compassion. Pourquoi donc m'entêter à chercher satisfaction et bonheur hors de toi ? Pourquoi continuer à te fréquenter comme une relation parmi d'autres ? N'es-tu pas ma seule relation ? Celle qui fonde toutes les autres ? Pourquoi suis-je obsédé par la popularité, le respect des autres, le succès, les acclamations et les plaisirs sensuels ? Pourquoi, Seigneur, m'est-il si difficile de faire de toi mon seul amour ? Pourquoi est-ce que j'hésite tant à lâcher prise, à me livrer à toi sans réserve ?

Aide-moi, ô mon Dieu, à tuer le faux moi que je m'entête à bâtir de mille et une façons, en m'agrippant à mes désirs fallacieux. Fais-moi renaître en toi. Fais-moi voir le monde de ton point de vue de sorte que toutes mes actions, mes paroles et mes pensées soient un hymne à ta louange et à ta gloire.

J'ai besoin de ta grâce amoureuse pour marcher sur la voie pénible qui débouche sur la mort du faux moi, sur la renaissance en toi et pour toi. Je sais et je crois que c'est le chemin de la liberté.

Seigneur, dissipe ma méfiance, fais de moi un ami confiant. Amen.

Seigneur Jésus, les paroles que tu disais à ton Père jaillissaient de ton silence. Mène-moi dans ce silence pour que mes paroles soient dites en ton nom et, ainsi, portent fruit. Il m'est si difficile d'être silencieux. De me taire, mais plus encore de faire taire mon cœur. Il y a tant de bavardage au-dedans de moi. Il semble que je sois toujours en train de débattre avec moi-même, avec mes amis, mes partisans, mes opposants, mes collègues, mes rivaux. Cette cacophonie me montre combien mon cœur est loin de toi. Si je me tenais tout simplement à tes pieds, si je prenais conscience du fait de t'appartenir, à toi seul, je cesserais de discourir et de raisonner. Tout cela me fait voir mon insécurité. Ma peur. Mes appréhensions. Mon besoin d'être reconnu, d'être l'objet d'attentions. Toi, ô Seigneur, tu me donnerais toute l'attention dont j'ai besoin si j'arrêtais seulement de parler, si je me mettais à t'écouter. Je sais que tu me parles dans le silence de mon cœur, que tu me montres ton amour. Fais-moi la grâce de ce silence, Seigneur. Rends-moi patient et fais-moi croître, peu à peu, dans ce silence où je peux être avec toi. Amen.

Seigneur Jésus Christ, Fils du Dieu vivant, fais miséricorde au pécheur que je suis. Il m'arrive d'être impressionné par mes intuitions spirituelles. S'agissant de prière, de méditation et de contemplation, il est probable que j'en sais plus que la plupart des chrétiens. J'ai lu bien des livres sur la vie chrétienne. J'en ai écrit quelques-uns. Toutefois, ce qui m'impressionne le plus, c'est l'abîme qu'il y a entre mes connaissances et ma vie.

C'est un peu comme si je me trouvais sur le bord d'un immense canyon. Je vois bien comment m'approcher de toi, et ce qu'il faut faire pour vivre en ta présence et te servir. Mais je ne peux atteindre l'autre côté du canyon où tu te tiens. Je peux disserter longuement sur la beauté et la bonté de la vie que j'entrevois de l'autre côté, mais comment donc, Seigneur, puis-je te rejoindre ? J'ai parfois l'impression que le canyon se creuse à mesure que je me rapproche et que je te vois plus clairement.

Suis-je condamné à mourir de ce côté-ci de l'abîme ? Mon destin est-il de montrer aux autres le chemin de la terre promise sans pouvoir y entrer moi-même ? Il m'arrive de me sentir prisonnier de mes connaissances et de mes « compétences » spirituelles. Toi seul, Seigneur, peux m'atteindre et me sauver. Toi seul.

Je peux seulement persévérer dans ma foi, même chancelante. Que puis-je faire d'autre que te prier, même si je me sens triste. Que d'écrire sur toi, même si je me sens paralysé. Que de parler en ton nom, même si je me sens seul. Viens, Seigneur Jésus, viens. Aie pitié de moi. Amen.

2

Seigneur, miséricorde !

(MARS-AVRIL)

Il faut résister à la tentation de s'enfoncer dans une culpabilité paralysante : écrasés par nos péchés, nos faiblesses, notre manque de générosité, on se croit indignes de la grâce de Dieu. Cette culpabilité conduit au repli sur soi au lieu que notre regard se porte sur Dieu. On risque alors de s'y complaire, d'en tirer de l'orgueil et d'en faire une idole. Le carême est un temps propice pour fracasser cette idole et diriger notre attention vers notre Seigneur qui est Amour. Posons-nous la question : suis-je comme Judas, qui n'a pas cru au pardon de Dieu et s'est pendu, ou suis-je comme Pierre, qui s'est repenti et est retourné à son Seigneur ? Le temps du carême, au cours duquel le printemps lutte contre l'hiver pour s'imposer, nous aide d'une manière toute particulière à nous abandonner à la miséricorde divine.

Merci, mon Dieu, pour l'arrivée du printemps. Au beau milieu du carême, cela me dit que Pâques va revenir. Les jours allongent. La neige disparaît peu à peu. Le soleil se fait plus vigoureux. Un oiseau chante. Hier, pendant les vêpres, un chat miaulait. Pour sûr, le printemps s'annonce. Ce soir, ô Seigneur, je t'ai entendu parler avec la Samaritaine. Tu lui disais : « Quiconque boira de l'eau que je lui donnerai n'aura plus jamais soif ; l'eau que je lui donnerai deviendra en lui source d'eau jaillissant en vie éternelle. » Quelles paroles ! Elles valent bien des heures, des jours, des semaines de méditation. Je vais les garder en moi pour me préparer à Pâques. L'eau que tu donnes devient eau vive, si bien que je n'ai pas à la ménager : je n'ai qu'à la laisser jaillir de mon cœur pour que quiconque le désire s'en abreuve. Peut-être verrai-je la source en moi quand les autres viendront s'y désaltérer. Je doute bien souvent, Seigneur, qu'il y ait une source de vie en moi. Bien souvent, j'ai peur qu'elle se soit tarie, que le puits se soit ensablé. Mais les autres continuent de croire à la source en moi, même quand je n'y crois plus.

Que le temps printanier et l'eau que tu me donnes me comblent de joie, ô Seigneur, mon espoir et mon Sauveur. Amen.

Ô Seigneur, le monde souffre, ce monde que tu as aimé au point de vouloir y faire ta demeure, au point de vouloir en faire pleinement l'expérience. Souffrances petites et grandes. La souffrance de ma petite nièce, Frédérique, qui se remet d'un opération chirurgicale au visage. La souffrance de mon père qui voyage pour la première fois sans maman et ressent profondément son absence. La souffrance d'un moine qui se sent seul. La souffrance des étudiants qui n'arrivent pas à décrocher un emploi… Il y a aussi la souffrance des Indiens du Mato Grosso qui sont opprimés. La souffrance d'évêques, de prêtres et de religieuses qui tentent de leur porter secours. La souffrance de tant d'hommes et de femmes qui prennent conscience du surarmement et se sentent impuissants à y mettre fin. La souffrance des prisonniers. Celle des affamés. Et enfin, la souffrance de tant de gens qui semblent heureux et bien portants, mais qui sont tiraillés intérieurement par leurs sentiments de culpabilité et de honte, qui doutent d'eux-mêmes et n'arrivent pas à surmonter leur inquiétude.

C'est ton monde qui souffre, ô Seigneur. Tu es un Dieu de compassion. Tu es venu pour partager nos souffrances. De grâce, donne à ton peuple espoir, courage, force et foi. Fais que nous ne soyons pas détruits par les forces du mal qui nous cernent, nous envahissent, nous habitent. Arrache de nos cœurs ces forces maléfiques. Enseigne-nous le chemin qui mène à toi. Tu es lumière, vie, vérité, bonté et par-dessus tout, Amour. Amen.

Quand vais-je mourir, ô Seigneur? Je l'ignore. J'espère que ce ne sera pas trop tôt. Ce n'est pas que je sois si attaché à cette vie. (En fait, peut-être plus que je ne le pense...) C'est plutôt que je ne me sens pas préparé à paraître devant toi. Il me semble qu'en me laissant en vie, tu montres ta patience. Tu me donnes une autre chance de me tourner vers toi, tu m'offres plus de temps pour purifier mon cœur. Le temps, c'est le don que tu me fais.

Je me souviens comme je me sentais prêt à mourir, il y a cinq ans, après mon premier séjour de sept mois à l'abbaye. Ce n'est plus mon sentiment. Je me sens énervé, agité, coupable, suspicieux, je broie du noir. Fais que le temps passé ici soit un temps de changement. Un temps de cheminement vers la paix intérieure, la confiance profonde en ton pardon et ta miséricorde. Un temps de cheminement vers un abandon total à toi.

Merci, Seigneur, pour chaque jour que tu me donnes afin que je me rapproche de toi. Merci pour ta patience, ta bonté. Entends ma prière, donne-moi de mourir en paix. Amen

Le grand maître spirituel Isaac de Ninive a dit : « Celui qui connaît ses péchés est plus grand que celui qui ressuscite un mort. Celui qui peut pleurer sur lui-même, en toute sincérité, pendant une heure est plus grand que celui qui enseigne le monde entier. Celui qui connaît sa faiblesse est plus grand que celui qui voit les anges. » Ces mots, Seigneur, sont vérité. Je prends conscience du fait que ma fixation sur mes péchés est une échappatoire, un refus de faire face à ma véritable condition de pécheur, et par le fait même, à ta miséricorde. Tant que je n'aurai pas fait l'expérience de ton pardon, je sais que je continuerai à fuir.

Viens, Seigneur, libère mon cœur de ses entraves : la peur, la culpabilité. Fais-moi voir mon péché en même temps que ta miséricorde. Amen.

Seigneur Jésus, toi qui es venu à nous pour nous faire voir l'amour bienveillant de ton Père, fais que nous comprenions cet amour avec notre cœur, notre esprit et notre âme. Il nous arrive si souvent de nous sentir esseulés, mal aimés, perdus. Nous voulons être compatissants, faire preuve de bonté et d'attention aux autres, mais c'est bien souvent la tristesse, le sentiment de vide et la torpeur qui nous habitent. Je t'en prie, ce soir, viens, Seigneur Jésus, viens! Ne t'adresse pas seulement à notre intelligence, mais pénètre nos cœurs et fais-toi présent au plus intime de notre être. Tant que tu seras absent du centre de notre existence, nous continuerons à nous cramponner aux gens, aux choses, aux événements, pour trouver une certaine chaleur, un sentiment d'appartenance. Nous ne sommes libres que lorsque tu nous touches vraiment, lorsque tu allumes en nous le feu de ton amour. Alors nous pouvons renoncer aux faux attachements. Sans cette chaleur intérieure, nos tentatives et nos efforts demeurent infructueux, et nous nous empêtrons dans nos bonnes intentions.

Ô Seigneur, je prie pour que tes enfants puissent sentir ta présence, s'imprégner de ton amour profond, tendre et ardent. Et à moi, ton ami qui ne cesse de faire des faux pas, montre ta miséricorde. Amen.

Ô Seigneur, ce saint temps du carême passe vite. J'y suis entré bourré de peurs, mais aussi, rempli d'attentes. J'espérais une grande percée, une conversion en profondeur, un vrai retournement du cœur. Je voulais que Pâques soit un jour si lumineux qu'il ne reste plus une seule traînée de ténèbres en mon âme. Je sais bien que tu ne te manifestes pas dans le tonnerre et les éclairs. Même saint Paul et saint François ont cheminé dans les ténèbres avant de voir ta lumière. Tu me prends par la douceur et j'en suis reconnaissant. Je sais que tu es à l'œuvre. Je sais que tu ne m'abandonneras pas. Je sais que tu me presses en vue de Pâques, mais d'une façon appropriée à mon expérience et à mon tempérament. Je prie pour que ces trois dernières semaines, au cours desquelles tu m'as invité à entrer plus avant dans le mystère de ta passion, attisent en moi le désir de marcher sur le chemin que tu as choisi pour moi et d'accepter la croix que tu me destines. Ôte de mon cœur le désir de choisir mon propre chemin et ma propre croix. Tu ne veux pas faire de moi un héros, juste un serviteur aimant.

Accompagne-moi demain et au cours des jours qui viennent. Donne-moi de sentir ta douce présence. Amen.

Seigneur adoré, montre-moi ta bonté et ta douceur, toi, le doux, l'humble de cœur. Je ne cesse de me dire que tu m'aimes. Mais bien souvent, cette vérité ne pénètre pas au fond de mon cœur. Le fait que je sois bouleversé par la moindre déception, que je me mette en colère à la moindre critique, que je sois déprimé par la plus petite marque de rejet me prouve que mon cœur n'est pas encore plein de ton amour. Sinon, pourquoi serais-je si aisément déstabilisé ? Si je suis convaincu que tu m'aimes, que tu prends soin de moi, que tu me protèges, que tu me guides et m'appuies, qu'est-ce que les autres peuvent contre moi ? Qu'est-ce qu'un petit — et même un grand échec —, quand je sais que tu es avec moi dans toutes mes peines et mes tourments ? Oui, encore et encore, je dois confesser que je n'ai pas laissé ton amour passer de ma tête à mon cœur. Je n'ai pas fait en sorte que l'intuition que j'ai de toi devienne certitude, m'habite tout entier.

Au cours des prochaines semaines, Seigneur, j'aurai de nouveau la chance de constater à quel point tu m'aimes. Que ce soit pour moi l'occasion d'accueillir ton amour sans aucune résistance et, pour toi, l'occasion de m'appeler à m'approcher encore davantage de toi. Amen.

Ô Seigneur, ton amour surabondant éclate aujourd'hui dans la foisonnante beauté de la nature. Le soleil brille de tout son éclat sur les prés de la vallée de Genesee. Le ciel est d'un pur bleu, parsemé, ici et là, de quelques folles mèches de nuages. Encore nus, les arbres laissent deviner le temps tout proche des jeunes pousses vert tendre. Les champs sont encore sombres, mais laissent paraître la promesse d'une moisson abondante. Du haut de la crête qui surplombe la vallée, j'ai été bouleversé, Seigneur, par la beauté du monde dans lequel tu me donnes de vivre. Mon cœur débordait de gratitude. Mais aussi, du sentiment de la brièveté de la vie. J'ai contemplé ce sol fertile et j'ai pensé à maman qui a été enterrée dans une terre semblable, il y a quelques mois. Au cœur de mon émerveillement, j'ai senti une bouffée de tristesse. Je ne peux plus lui parler de tout ce que je vois, de la beauté du printemps qui toujours la comblait de joie. La végétation renaît : verdures, fleurs, champs de blé, mais désormais je ne l'entendrai plus m'appeler pour me dire : « Viens voir ici ! ... Regarde là ! ... »

Toi, Seigneur, tu dis : « Le grain de blé tombé en terre doit mourir pour donner une riche récolte. » Je crois que sa mort portera fruit. Le jour de ta résurrection, que je me prépare à célébrer, est aussi signe d'espoir pour toute personne qui franchit la mort.

Fais que ma tristesse se transforme en une douleur qui m'incitera à te suivre sur le chemin de la croix jusqu'au matin de Pâques où le soleil se lève sur un tombeau vide.

Que la beauté de la terre nourrisse ma joie comme ma peine et me rapproche de toi, Seigneur et Sauveur. Amen.

Ô mon Dieu, j'ai senti la colère m'empoigner aujourd'hui. Je n'arrivais pas à me libérer de sentiments violents, hostiles contre des personnes qui n'avaient pas tenu parole envers moi. Dans ma tête, je n'arrêtais pas de les accabler de reproches. J'essayais bien de tourner mon attention vers toi. Rien à faire, j'étais captif. Je me reconnaissais bien dans cette tempête émotive. Je ne pouvais que t'offrir ma furie. Cette rage m'a révélé à quel point je suis encore attaché à ce monde, à ses promesses, à ses récompenses. J'avais beau me dire que cette colère était disproportionnée compte tenu des incidents qui l'ont déclenchée, je n'arrivais pas à en sortir.

Je reconnais humblement devant toi, Seigneur, combien je dépends de ta grâce pour devenir, comme je le voudrais, doux et humble de cœur. Je me sens un peu plus calme maintenant que j'ai jeté sur papier mes sentiments. Seigneur, ne me mets pas trop souvent à l'épreuve. Je veux sentir de moins en moins ma colère et de plus en plus ta douceur, ton amour. Mets la paix dans mon cœur. Amen.

Seigneur, la neige surprise qui nous tombe dessus aujourd'hui m'enseigne à être très prudent dans mes prédictions. Juste au moment où je me préparais à accueillir le printemps et son soleil ragaillardi, voilà que l'hiver semble de retour. Ne me donnes-tu pas là une grande leçon ?

Je ne cesse de projeter ma condition actuelle sur l'avenir. Si je me sens sombre, l'avenir est sombre. Si je me sens radieux, l'avenir est lumineux. Mais qui suis-je pour savoir ce que sera ma vie demain ? La semaine prochaine, l'an prochain ou dans dix ans ? Plus encore, qui suis-je pour savoir qui sera avec moi au cours de l'année qui vient. Ô Seigneur, je ne vais pas te lier à mes idées et à mes sentiments limités et limitatifs. Tu peux faire tant de choses de moi. Même des choses qui me semblent tout à fait impossibles. Au moins, je veux rester ouvert aux libres mouvements de ton Esprit dans ma vie. Pourquoi est-ce que je m'entête à penser : « Je ne serai jamais un saint. Je ne serai jamais capable de surmonter mes pulsions et mes désirs. » En me convainquant de cela, je t'empêche de me toucher en profondeur, de me guérir.

Ô Seigneur, donne-moi cette liberté intérieure qui me permette de t'accueillir comme tu le souhaites à chaque fois que tu te présentes à moi. Amen.

Seigneur, toi qui es l'Amour incarné, aide-moi à garder mon regard tourné vers toi. Tu es l'expression de l'infinie miséricorde de Dieu, le signe visible de la sainteté du Père. Tu es la beauté, la bonté, la douceur, le pardon, la pitié. Tout se trouve en toi. Rien ne se trouve hors de toi. Pourquoi regarderais-je ailleurs ? Pourquoi irais-je ailleurs ? Tu as les paroles de la vie éternelle. Tu es nourriture et boisson. Tu es la voie, la vérité, la vie. Tu es la lumière dans la nuit noire, la maison sur la colline. En toi et à travers toi, je peux voir le Père des cieux. Avec toi, je peux trouver le chemin qui mène à lui. Ô toi, le Saint, le Beau, le Glorieux, sois mon Seigneur, mon Sauveur, mon Rédempteur, mon Guide, mon Consolateur, mon Appui, mon Espoir, ma Joie, ma Paix. À toi je veux donner tout ce que je suis. Rends-moi généreux, fais que je ne sois plus mesquin ou hésitant. Fais que je te donne tout — ce que j'ai, ce que je pense, ce que je fais, ce que je ressens. Tout cela est à toi ! Ô Seigneur, je t'en supplie, accepte mon offrande. Fais-la entièrement tienne. Amen.

Seigneur Jésus, l'apôtre Pierre voulait savoir qui te trahirait. Tu as d'abord pointé Judas, puis, peu après, Pierre aussi. Judas t'a trahi ; Pierre t'a renié. Judas s'est pendu ; tu as fait de Pierre le premier parmi ses compagnons. Seigneur, donne-moi la foi. La foi en ta miséricorde infinie, en ton pardon illimité, en ton insondable bonté. Arrache de mon cœur l'idée que mes péchés sont trop graves pour être pardonnés, trop abominables pour être touchés par ta pitié. Fais que je ne m'enfuie jamais de toi. Au contraire, fais-moi revenir encore et encore. Te suppliant sans cesse d'être mon Seigneur, mon Berger, mon Rempart, mon Refuge. Prends-moi sous ton aile, ô Seigneur. Fais-moi comprendre que tu ne me rejetteras pas tant que je chercherai ton pardon. Douter de ton pardon est probablement un péché plus grand que ceux que je juge impardonnables. Peut-être que c'est la vanité, la manie des grandeurs qui me portent à croire que je ne peux plus être aimé tendrement par toi. Regarde-moi, Seigneur. Accepte ma prière comme tu as accepté celle de Pierre. Fais que je ne te fuie pas dans la nuit comme l'a fait Judas.

En cette Semaine sainte, bénis-moi, Seigneur. Fais-moi la grâce de sentir plus intimement ta présence. Amen.

Ô Dieu d'amour, que puis-je te dire en ce Vendredi saint ? Y a-t-il un mot, une phrase, une pensée qui puisse convenir ? Tu es mort pour moi, tu t'es offert pour mes péchés. Non seulement t'es-tu fait homme, mais tu as souffert pour moi la plus cruelle des morts. Comment répondre à un amour si grand, si désintéressé ? En contemplant ta sainte passion et ta mort, je ne peux que reconnaître humblement ma totale inaptitude à y répondre sans ta grâce. Fais que je me tienne debout devant toi et que je te regarde. Ton corps est brisé ; ta tête, couverte de blessures ; tes mains et tes pieds, déchirés par les clous ; ton côté, transpercé. Ton corps repose dans les bras de Marie, ta mère. Maintenant, tout est achevé, tout est accompli. Doux Seigneur, toi qui es bienveillant, généreux, miséricordieux, je t'adore, je te loue, je te rends grâce. Par ta passion et ta mort tu as fait toutes choses nouvelles, tu nous as fait passer de la mort à la vie. Ta croix est plantée en ce monde comme signe d'espoir.

Fais que je vive toujours sous le signe de ta croix, ô Seigneur. Que je proclame sans cesse l'espérance de ta croix. Amen.

3

Un rayon d'espoir

(AVRIL-MAI)

Le temps pascal est un temps d'espérance. La peur est toujours là, et le poids douloureux du péché, mais il y a comme une percée lumineuse. Il se produit quelque chose de nouveau. Quelque chose qui transcende les hauts et les bas de la vie. Qu'on soit triste ou joyeux, optimiste ou pessimiste, en paix ou en colère, le courant de la présence divine l'emporte sur les vagues de notre esprit et de notre cœur. Pâques fait prendre conscience que Dieu est présent, même quand sa présence ne se fait pas sentir directement. Pâques annonce une bonne nouvelle : même si la situation du monde semble se détériorer, le Malin a déjà été vaincu. Voilà l'essentiel du message pascal : bien que Dieu semble distant et que nous soyons accablés de mille soucis, notre Seigneur chemine avec nous et nous enseigne la Bonne Nouvelle. Il y a donc des rayons d'espoir qui filtrent à travers nos vies…

Seigneur ressuscité, Lumière du monde, à toi louange et gloire ! Ce jour est ton jour ! Il est rempli de ta présence, de ta joie, de ta paix.

Je rentre d'une marche dans la forêt profonde. Il faisait froid et venteux, mais tout me parlait de toi. Absolument tout — les nuages, les arbres, l'herbe mouillée, la vallée et sa lumière lointaine, le son du vent — me parlait de ta résurrection, me faisait prendre conscience que tout est bon. En toi, tout a été créé bon. Par toi, toute la création est renouvelée, portée à un degré de splendeur plus grand que celui de son commencement.

Comme je marchais dans la forêt, en cette fin de jour, rempli d'une joie sereine, je t'ai entendu appeler Marie-Madeleine par son nom. Sur le bord du lac, je t'ai entendu aussi appeler tes amis, leur dire de lancer leurs filets. Je t'ai aperçu dans la chambre haute où tes disciples se terraient dans la peur. Je t'ai vu apparaître sur la montagne, à la lisière du village. Comme ces événements sont intimes ! Ils sont comme des faveurs particulières faites à des amis très chers. Ces gestes, tu ne les as pas faits pour épater ou confondre quiconque. Seulement pour montrer que ton amour est plus fort que la mort.

Ô Seigneur, je sais maintenant que c'est dans le silence, dans un moment de calme, dans un coin perdu que tu me rencontreras. Que tu m'appelleras par mon nom. Que tu me diras un mot de paix. C'est dans l'heure la plus calme de ma journée que tu es devenu à mon cœur le Seigneur ressuscité.

Seigneur bien-aimé, je suis rempli de gratitude pour tout ce que tu m'as permis de vivre cette semaine. Reste avec moi dans les jours à venir.

Bénis tous ceux qui souffrent dans le monde. Donne la paix à ton peuple, ce peuple que tu as aimé au point de lui donner ta vie. Amen.

Seigneur Jésus, les femmes qui ont vu l'ange devant le tombeau vide sont revenues dans l'émerveillement et la joie. Mais en même temps, elles avaient peur. J'ai vécu cela, moi aussi, aujourd'hui. Je suis rempli de joie en ce temps de Pâques, mais je ressens quand même de la peur, de l'appréhension, de l'éloignement. Ô Seigneur, je ne sais pas si je te reconnaîtrais, comme l'a fait Marie-Madeleine, comme l'ont fait les disciples d'Emmaüs. Mon cœur est-il capable de te reconnaître ? Est-ce que je t'ai vraiment donné toute mon attention quand tu m'as parlé au fil des années ? Est-ce que j'ai des yeux pour voir et des oreilles pour entendre ? De grâce, Seigneur, ne passe pas loin de moi. Ne m'évite pas. Montre-moi ton visage d'amour, fais-moi entendre ta voix qui console, et tout sera différent. Ne permets pas que je sois si préoccupé par les affaires de ce monde que je ne remarque même pas qu'il se passe quelque chose de vraiment vrai ! Viens, Seigneur, montre-moi ton visage et attire-moi toujours plus près de toi. Amen.

Ô Maître adoré, après ta résurrection, tu as ouvert l'esprit de tes disciples aux Écritures. Tu leur as fait voir clairement que Moïse, les prophètes et le psalmiste avaient parlé de toi. Tu leur as fait comprendre un grand mystère : il te fallait souffrir et mourir pour entrer dans ta gloire.

Ce soir, je te prie de me donner une compréhension toujours plus approfondie des Écritures, une conscience toujours plus aiguë que tu en es le centre, ou encore, pour employer une expression de Vincent van Gogh, que ton Évangile est le sommet d'une montagne dont l'Ancien Testament et les lettres des Apôtres constituent les versants. Fais-moi voir ta présence dans les psaumes, dans les écrits des prophètes et dans l'épopée d'Israël. Fais que ces connaissances me donnent une meilleure compréhension de ma propre histoire, de mes propres luttes, de mes propres souffrances.

Je t'en supplie, Seigneur, rejoins-moi sur le chemin. Entre dans ma chambre close et arrache-moi à ma folie. Ouvre mon esprit et mon cœur au grand mystère de ta présence dans ma vie, et donne-moi le courage d'aider les autres à découvrir ta présence dans leur vie.

Merci, Seigneur, pour cette journée. Amen.

J'ai réfléchi aujourd'hui, Seigneur, à cette mystérieuse rencontre avec tes disciples, lorsque tu t'es manifesté à eux sur la rive du lac de Tibériade (Jn 21, 1-14). Ils ont pris le déjeuner avec toi. En fait, c'est toi qui les as invités. Tu t'es avancé, tu as pris le pain et le leur a donné. Tu as fait de même avec le poisson.

Cette scène me fascine. Je suis frappé par son caractère d'intimité, bien que je te sente quelque peu distant. Je constate une familiarité, mais aussi une certaine réserve. Je suis touché par la joie, mais je sens, au fond, un respect mêlé de crainte. Je reconnais ta présence, mais je fais en même temps l'expérience de ton absence. Je peux vraiment comprendre qu'aucun de tes disciples n'ait osé te demander : « Qui es-tu ? »

Seigneur, tu me fais comprendre que lorsque tu te dévoiles, tu te caches aussi de moi. Quand tu m'invites à manger, tu ne veux pas que je te touche. Je ressens souvent cette tension. Je voudrais m'en défaire. Je ne veux plus de distance, ni de peur, ni d'appréhension. Mais qui suis-je pour oser demander une telle chose ? Donne-moi d'être reconnaissant, Seigneur, du fait que tu m'appelles, moi, pécheur. Que tu me donnes du pain et du poisson. Je ne suis pas prêt à voir ta splendeur : j'en mourrais. Tu te caches de moi pour que je puisse vivre et me purifier. Merci, ô Seigneur. Amen.

Cher Seigneur, cet après-midi, j'ai confié mes sentiments de culpabilité et d'indignité à un des moines. Il m'a donné de sages conseils. Il m'a incité à fuir l'introspection et l'égocentrisme pour me concentrer sur l'expression de mon amour pour toi.

Ce qui m'a le plus aidé, c'est lorsqu'il m'a fait remarquer que rien de plus terrible ne pouvait arriver que ce qui a déjà eu lieu : ta mort, ô Seigneur. C'est l'événement le plus effroyable, le plus lourd de péché, le plus terrifiant de toute l'histoire. Nous, les hommes, nous t'avons tué, toi, notre frère, le Fils du Très-

Haut. Famine, oppression, guerre, rien de ce qui pourrait survenir ne pourra être pire. Toi, tu as surmonté le pire. Et tu ne nous as pas rejetés. Tu as fait de ta mort un signe de rédemption. À travers ta mort, ton amour s'est pleinement manifesté à nous. Quel que soit le mal que j'aie pu faire, ou que je fasse à l'avenir, tu l'as déjà souffert. Et tu m'as montré qu'il n'est pas de mal qui m'empêche de revenir à toi. Ô mon Seigneur, fais que je ne doute jamais de ton pardon. Que je me souvienne que tu es mort pour mes péchés. Que jamais je n'oublie ta victoire sur la mort : elle est le signe de ton amour miséricordieux. Fais que je ne sois pas mû par ma culpabilité, mais par ton amour. Amen.

Mon Seigneur, avive en moi le goût de la prière. Il m'est encore si difficile de te donner généreusement mon temps. Je suis toujours avide de temps pour être utile, efficace, pour accomplir, produire, exceller. Mais toi, Seigneur, tu ne demandes rien que ma simple présence. L'humble admission de mon indigence. La confession sincère de mes péchés. De sorte que les rayons de ton amour puissent toucher mon cœur. Et ainsi, ancrer en moi la certitude que je peux aimer parce que tu m'as aimé en premier. Que je peux être accueillant parce que tu m'as accueilli. Que je peux faire le bien parce que tu m'as montré ta bonté.

Qu'est-ce qui me retient? Qu'est-ce qui me fait hésiter? Pourquoi suis-je si réticent, si calculateur? Est-ce que je doute encore de n'avoir besoin de rien d'autre que toi? Est-ce que j'essaie toujours de me faire une sorte de réserve, au cas où tu ne te manifesterais pas? De grâce, Seigneur, aide-moi à mettre de côté ces jeux puérils. Fais que je t'aime librement, hardiment, courageusement, généreusement. Amen.

Dans ce monastère, tout est calme et paix. Les jours s'écoulent au rythme joyeux de la liturgie, dans l'harmonie et l'amour fraternel. Il n'en reste pas moins que notre temps a des allures d'apocalypse. Ce temps est rempli en effet de dangers et de menaces: guerre, famine, violence et haine. Des millions de gens envisagent avec inquiétude l'année, la semaine et même le jour qui vient, et se demandent s'ils pourront passer au travers.

Je prie ce soir, Seigneur, pour tous ceux qui sont tes témoins de par le monde: ministres, prêtres, évêques. Pour les hommes et les femmes qui t'ont consacré leur vie. Pour tous ceux qui essaient de diffuser la lumière de ton Évangile en ce temps chaotique. Donne-leur courage, force, persévérance et espoir. Remplis leur cœur et leur esprit de la certitude de ta présence. Donne-leur l'expérience de ton Nom comme refuge contre tout danger. Par-dessus tout, donne-leur la joie de ton Esprit. Ainsi, où qu'ils aillent, quelque rencontre qu'ils fassent, ils arracheront le voile de la dépression et du défaitisme. Ils apporteront une vie nouvelle à ces gens — et ils sont nombreux — qui vivent dans la peur constante de la mort. Seigneur, accompagne tous ceux qui portent la Bonne Nouvelle. Amen.

Tu as dit, Seigneur : « La volonté de mon Père, c'est que je ne perde aucun de ceux qu'il m'a donnés. » Ces mots sont une source de consolation. Ils m'indiquent ce que tu fais pour me garder dans ton amour. Ils me prouvent que tu es effectivement entré dans ce monde pour me sauver, pour me délivrer du mal, m'affranchir de l'esclavage du péché, me conduire à la maison de ton Père. Ces mots me révèlent que tu veux lutter contre les forces puissantes qui tentent de m'arracher à toi. Seigneur, tu veux me garder, m'aider, m'appuyer, me consoler et me présenter au Père. C'est ta divine mission de ne pas me perdre ! Moi, je reste libre de me séparer de toi. Et tu ne m'ôteras jamais cette liberté. Oh ! quelle merveille d'amour, quelle grâce divine ! Je t'en prie, Seigneur, fais que je choisisse librement ton amour, que je ne sois pas perdu pour toi. Amen.

Seigneur Jésus, ton apôtre Philippe est allé à la rencontre d'un Éthiopien qui rentrait dans son pays, de retour d'un pèlerinage à Jérusalem (Ac 8, 26-40). Comme tu l'as fait pour les disciples d'Emmaüs, Philippe lui a expliqué les Écritures. Il lui a fait comprendre clairement qu'elles parlaient de toi. Je t'en prie, confie-moi un ministère semblable qui me permette d'aller à la rencontre des gens et de leur ouvrir les yeux pour qu'ils puissent te voir. Bien des gens sont en recherche : ils étudient, lisent, discutent, écrivent et s'efforcent de trouver une réponse à leurs questions les plus intimes. Mais plusieurs tâtonnent dans le noir. Donne-moi le courage de les rejoindre. De leur dire ce que Philippe a dit à l'Éthiopien qui se butait aux Écritures : « Comprends-tu donc ce que tu lis ? » Donne-moi l'intelligence de ta Parole et la détermination d'aller vers eux et de leur parler de toi qui es la Voie, la Vérité et la Vie. Donne-moi de discerner le moment où ils seront prêts à être baptisés dans l'eau et dans l'Esprit. Mais de grâce, Seigneur, encouragemoi comme tu l'as fait pour Philippe : « Avance et rattrape ce char. » Tu sais que je suis timide et peureux. Rends-moi confiant et libre. Amen.

Libère-moi, Seigneur, de mon passé ténébreux dans lequel j'ai souvent l'impression de retomber comme dans une citerne profonde. Tu es la Lumière venue dans ce monde pour que ceux qui croient en toi n'habitent plus les ténèbres. Ne permets pas que je replonge dans mes ténèbres, Seigneur. Fais en sorte que ta lumière, douce, chaleureuse, vivifiante, me relève de mon tombeau. Vincent van Gogh t'a peint en soleil dans sa *Résurrection de Lazare*. Il voulait par là exprimer sa propre libération d'un passé sombre et paralysant. Seigneur, ne me prive pas de ta lumière. Donne-moi la force de me lever et de te suivre sans regarder en arrière. Tu es ma force, mon refuge et mon rempart. Tant que mon regard est sur toi, il n'y a aucun risque que je retourne à mes idées et attitudes passées. Ta lumière fait toute chose nouvelle. Donne-moi de t'appartenir entièrement. Amen.

Cher Seigneur, dans mon agitation intérieure incessante, il me vient une pensée encourageante. Peut-être agis-tu en moi d'une manière que je ne suis pas encore en mesure de percevoir ni de comprendre. Mon esprit ne reste pas tourné vers toi. Mon cœur n'arrive pas à rester centré sur toi. Il me semble que tu es absent, que tu me laisses seul. Mais je m'accroche à toi dans la foi. Je crois que ton Esprit m'atteint au plus profond, au delà de ce que je peux sentir ou penser. C'est pourquoi ses mouvements ne sont pas de ceux que je perçois d'emblée.

Je te promets donc, Seigneur, que je ne m'enfuirai pas. Je n'abandonnerai pas. Je ne cesserai pas de prier. Même quand cela me paraîtra inutile, sans but, gaspillage de temps et d'effort. Je veux que tu saches que je t'aime, même quand je ne me sens pas aimé de toi. J'espère en toi, même quand le désespoir m'envahit. Que ce soit une façon de mourir un peu avec toi et pour toi. Une souffrance qui me fasse solidaire des millions de personnes dans le monde qui souffrent bien plus que moi. Amen.

Dieu d'amour, je te prie pour toutes les personnes qui vivent un échec dans leur quête de relations qui soient créatives et affectueuses. Bien des gens se sentent isolés, incapables de vivre une amitié à long terme. Bien des époux sombrent dans la frustration et se séparent. Bien des enfants sont incapables de dialoguer avec leurs parents. Bien des parents en viennent à avoir peur de leurs enfants. Tout autour de moi, je vois un ardent désir d'amour, et une incapacité de le vivre d'une manière profonde et durable.

Ô Seigneur, pose un regard bienveillant sur nous, ton peuple, et transmets-nous ton amour. Nous ne pouvons nous aimer les uns les autres que parce que tu nous a aimés en premier. Donne-nous de percevoir cet amour premier. De sorte que nous vivions tous nos amours comme reflet d'un amour plus grand, inconditionnel et illimité.

Guéris l'âme de ceux qui se sentent blessés au plus profond d'eux-mêmes, qui sont rejetés, incompris, maltraités. Montre-leur ton amour qui guérit et conduis-les sur la voie du pardon et de la réconciliation. Amen.

4

La puissance de l'Esprit

(MAI-JUIN)

L'Esprit Saint que Jésus a promis à ses disciples est le don inestimable de Dieu. Sans l'Esprit de Jésus, nous ne pouvons rien faire. Mais dans, et à travers son Esprit nous pouvons vivre libres, joyeux et courageux. Nous sommes incapables de prier, mais l'Esprit du Christ peut prier en nous. Nous ne pouvons faire naître la joie et la paix, mais l'Esprit du Christ peut nous remplir d'une joie et d'une paix qui ne sont pas de ce monde. Nous ne pouvons défoncer toutes les barrières qui divisent les races, les sexes, les pays, mais l'Esprit du Christ peut unifier tous les humains dans l'amour de Dieu qui ne fait aucune discrimination. L'Esprit du Christ, qui dissipe nos peurs et nos angoisses, nous rend libres d'aller partout où nous sommes envoyés. C'est la grande libération de la Pentecôte.

Seigneur, enseigne-moi la pauvreté. Il est évident que mes biens et possessions sont une source de soucis qui me distraient de toi. Tu es tout le temps avec moi. Tu veux me parler, me guider, m'enseigner, me conseiller. Tu veux me montrer la route à suivre. Je sais que tu te tiens à la porte et que tu frappes. Mais je ne t'entends pas, tant de choses me préoccupent ! Je m'inquiète constamment de ce que je dois lire ou écrire, de ce que je dois dire ou faire. Au point de ne pas voir l'évidence : ces problèmes n'existeraient pas si je t'écoutais au lieu d'écouter la rumeur de mon âme agitée. Aide-moi, Seigneur, à devenir pauvre, dans tous les sens du mot. Montre-moi à faire bon usage de l'argent que je gagne et des connaissances que j'ai acquises. Enseigne-moi à profiter au mieux des circonstances favorables de ma vie. Que toutes ces richesses ne m'éloignent pas de toi, mais deviennent un moyen de te servir et de faire advenir ton Royaume. Fais que je me libère de tous mes soucis inutiles. Que je vive dans la pauvreté et la liberté du cœur pour que toi seul sois mon Seigneur. Amen.

Fortifie-moi, Seigneur, affermis ma foi quand viendra le jour où je comprendrai que le monde te hait, toi et ceux qui croient en toi. L'amitié et l'intimité que tu offres ne sont pas de ce monde. Rien à voir avec la compétition, les rivalités, le succès, la jalousie, la suspicion. On ne peut obtenir ton amour et ta bonté par l'extorsion ou la manipulation. Ce sont des dons qui débordent de ton cœur. Ta paix et ta joie sont comme des courants qui coulent librement de ton cœur. Mais le monde dans lequel je vis a d'autres manières et d'autres règles. Il répond à ton amour surabondant par la haine et la persécution.

Je ne sais pas si je suis prêt à y faire face. Je suis faible, timoré et facilement rongé par le doute. Mais je crois que tu seras à mes côtés. Tu me donneras les mots qu'il faudra quand viendra l'heure de témoigner de ton amour. Pour le moment, Seigneur, approfondis la connaissance que j'ai de ton amour. Amen.

Seigneur adoré, en cette fête de ton Ascension, je nage dans la gratitude. Je réalise que ce jour où tu as mis fin à ton séjour parmi nous, le mystère ineffable de ton incarnation a atteint son achèvement. Ta vie terrestre a commencé avec la salutation de Gabriel à Marie et s'est terminée avec la nuée qui t'a soustrait à la vue de tes disciples. Toi, ô Seigneur, Fils de Dieu et Fils de l'homme, Emmanuel, Messie, Rédempteur de tous les humains, tu as assumé notre condition humaine et tu as conduit l'humanité vers ton Père céleste. Lorsque tu es disparu du regard de tes amis, que tu les a quittés, tu avais rempli ta divine mission. Tu nous avais enseigné tout ce que nous devions savoir. Tu avais fait tout ce qu'il fallait. Tu nous avais donné tout ce que tu avais.

Qu'aurait été ma vie si je ne t'avais connu ? Toutes mes joies et mes souffrances sont liées à ta venue en ce monde.

Merci, Seigneur, pour ta vie sur la terre et pour l'invitation que tu me fais d'en faire le récit à qui veut l'entendre. Amen.

Mon Seigneur, même si je sais tout de toi, même si j'ai fouillé les Écritures, même si je suis animé d'un grand désir de te servir, je ne peux rien sans le don de ton Esprit. Souvent, je m'aperçois que la compréhension de ce qu'est la vraie vie et le désir sincère de la vivre ne suffisent pas à faire de moi un vrai disciple. C'est seulement quand ton Esprit a envahi le noyau de mon être que je deviens un vrai chrétien. Autrement dit, une personne qui vit en toi, avec toi, à travers toi.

Tu as clairement fait comprendre à tes amis de ne pas quitter Jérusalem, d'y rester « jusqu'à ce qu'ils soient revêtus de la force d'en haut ».

Ô Seigneur, donne-moi, je te prie, la puissance de ton Esprit. Que cette puissance m'inonde et fasse de moi un vrai disciple. Que je me laisse conduire même là où je ne pensais pas aller. Amen.

Seigneur Jésus, non seulement t'es-tu fait homme, mais tu t'es fait Juif. Je ne comprendrai jamais tout à fait tes paroles, tes attitudes, tes actions, si je ne prends pas conscience de ton caractère juif. Il m'apparaît de plus en plus clairement que les Juifs ont beaucoup à nous apprendre. Non seulement sur l'Ancien Testament et la religion juive, mais aussi au sujet de toi, Seigneur. Je te prie pour les Juifs. Donne-leur la paix et la liberté après tant de siècles de persécutions et d'oppression. Donne-leur de vivre en sécurité en Israël. De pouvoir aller et venir, y habiter et travailler sans crainte. Donne-leur un amour profond pour leurs traditions. Donne à leurs enfants la Paix dans toute la force du mot : physique, morale et spirituelle. Je te prie en particulier de donner aux Juifs la générosité de nous pardonner, à nous chrétiens, les cruautés, les atrocités auxquelles nous avons soumis leurs ancêtres.

Je te prie enfin, Seigneur, de faire en sorte que les Juifs te voient de plus en plus comme un des leurs : un frère, un rabbin, un maître qui respectait, honorait la Loi juive. Dont la parole était fidèle à la tradition des prophètes. Seigneur, augmente mon amour pour ton peuple. Amen.

Mon Dieu, fais que tous les pays du monde et leurs leaders prennent conscience de la terrible menace que représente le surarmement. Ô Seigneur, détourne-nous de notre course démentielle à l'autodestruction. Fais-nous comprendre que plus il y aura d'armes, plus s'accroîtra le risque d'y recourir. Fais-nous comprendre que les ressources que tu as enfouies dans notre mère la Terre sont destinées à nous nourrir les uns les autres. À nous soigner les uns les autres. À nous abriter les uns les autres. De sorte que ce monde soit un monde de paix pour tous les hommes, toutes les femmes et tous les enfants de toutes races ou nations.

Donne-nous de nouveaux prophètes, capables de parler ouvertement, directement, éloquemment et amoureusement à nos dirigeants politiques, à nos chefs religieux, et à tout homme et femme de bonne volonté. Des prophètes qui nous incitent à faire la paix et non la guerre. Seigneur, hâte-toi de nous secourir. Ne viens pas trop tard ! Amen.

Les paroles échangées par Élisabeth et ta sainte Mère sont si belles, ô Seigneur, si riches, si profondes que j'ai du mal à décider laquelle je voudrais approfondir. Je retiens cependant qu'Élisabeth n'a pas qualifié Marie de « bénie entre les femmes » à cause de sa beauté, de sa sagesse, ou de la pureté de son cœur, mais à cause de sa foi dans la promesse qui lui a été faite.

« L'Esprit Saint viendra sur toi, et la puissance du Très-Haut te prendra sous son ombre. » La promesse faite à ta Mère est la même que celle que tu as faite à tes disciples en passant de ce monde à ton Père. C'est cette promesse qui me remplit d'espoir ces jours-ci.

Donne-moi la foi de ta Mère. Permets que la promesse s'accomplisse en moi. Envoie ton Esprit. Et par ton Esprit, demeure en moi. Amen.

Cher Seigneur, par ton Esprit, donne-moi la capacité de surmonter toute hésitation, de chasser toute peur, de secouer toute timidité. Que ton Esprit m'aide à répondre à ton amour en toute gratitude, à parler librement de toi à tous ceux que je rencontre. À travailler courageusement à l'avènement de ton Royaume. Toi, Seigneur, tu ne m'as pas baptisé seulement dans l'eau, mais aussi dans l'Esprit Saint. Fais que ce baptême dans l'Esprit se manifeste dans ma vie. Qu'il me fasse sentir ta présence, non seulement dans l'obscurité de la foi, mais aussi par une sensibilité nouvelle qui me permette de voir, d'entendre, de goûter, de toucher et même de respirer l'odeur d'une réalité que mes sens naturels ne peuvent percevoir. Que ton Esprit mette la joie, la réconciliation, la paix, la douceur, la générosité dans le cœur de ceux avec qui je vis et pour qui je travaille. Et surtout, ô Seigneur, emplis-moi de ton amour. De sorte que je pense, que je parle, que j'agisse par amour pour toi qui as vécu, es mort et as vaincu la mort par amour pour moi. Amen.

Seigneur, lorsque ton Esprit est descendu sur tes disciples, ils se sont mis à parler la langue de quiconque venait entendre leur témoignage. En ces temps troublés, je te prie de faire descendre encore ton Esprit Saint. Qu'il abatte les barrières entre les pays et entre les gens. Que soient enfin unis tous ceux qui habitent ce monde. Donne-nous la force de transcender nos différences physiques, psychologiques et culturelles. De reconnaître que c'est ton Esprit Saint qui nous réunit en nous faisant participer à ta vie divine. Que ton Esprit nous ouvre les yeux, le cœur et les oreilles à ta présence continuelle parmi nous. Que nous te reconnaissions quand nous tâchons de nous venir en aide les uns aux autres, de travailler ensemble à la réconciliation et à la paix, d'unir nos talents pour bâtir un monde meilleur. Sans ton Esprit, nous sommes tout à fait impuissants. Mais avec, et dans ton Esprit, nous pouvons renouveler la face de la terre. Ne nous laisse pas seuls. Que ton Esprit pénètre notre cœur pour que nous puissions ensemble te louer, te rendre grâce, te glorifier tous les jours de notre vie et préparer ton retour dans la gloire. Amen.

Mon Seigneur, que ton Esprit fasse son œuvre de restauration en moi même si je ne sens pas directement sa présence. Je voudrais bien sentir un vent puissant, voir apparaître des langues de feu, parler des langues étrangères, être rempli de ton Esprit au point de ne pouvoir m'empêcher d'annoncer la Bonne Nouvelle à quiconque veut m'écouter. Ce sentiment ressemble plus à de l'impatience qu'à de la foi, plus à un penchant pour le spectaculaire qu'à une espérance tranquille, plus à de l'impulsivité qu'à un amour profond et fidèle. Ô mon Seigneur, je *sais* que tu envoies ton Esprit. Après seulement quelques mois dans ce monastère, j'ai senti ton action en mon âme. Un travail très calme et continu. Mes expériences de ténèbres, de culpabilité et de désespérance ont perdu de leur intensité. Mes moments d'agitation et de fatigue sont moins fréquents. Au beau milieu de mes distractions, je sens que mon regard intérieur se tourne plus aisément vers toi. Pas de changements époustouflants. Non. Mais au fond de moi, des mouvements qui échappent à mon entendement.

Merci, Seigneur, pour le don de ton Esprit. Que son action en moi se fasse plus puissante et plus profonde au cours des prochaines semaines. Amen.

5

Les besoins du monde

(JUIN-JUILLET)

L'Esprit du Christ nous envoie dans le monde. Dans la mesure où nous ne sommes pas guidés par nos peurs, mais bien par la puissance de l'Esprit, nous devenons sensibles aux besoins du monde et nous sommes animés d'un vif désir de le servir. Prisonniers, malades, affamés, sans-abri, victimes de la guerre, réfugiés, tous nous apparaissent comme des frères et des sœurs dont nous sommes solidaires.

Seigneur, il suffit de peu pour que je t'oublie. Le monde dans lequel je vis a tellement de moyens pour retenir mon attention que je me laisse facilement détourner de toi. Tu es présent dans ce monde, dans ma vie, dans tout ce qui survient. Mais ta présence est discrète, douce, aucunement spectaculaire. Le silence, la solitude, la prière, une conversation paisible, une lecture enrichissante, tout cela m'aide à sentir que tu es avec moi, que tu m'appelles, que tu me mets au défi. Et surtout, que tu m'invites dans ta maison de paix et de joie. Bien sûr, les voix tonitruantes du monde, la frénésie des pseudo obligations, l'illusion que tout est urgent, tout cela m'attire encore loin du lieu où tu habites et me fait vivre comme si c'était moi, et non toi, qui dois sauver le monde.

Quelques jours en dehors de cette maison de prière ont suffi à me faire voir à quel point j'ai tôt fait de me mettre en tête que tout sauf toi mérite du temps, de l'attention, des efforts. Seigneur, ce soir, je te prie d'approfondir et d'affermir la conscience que j'ai de ta présence afin que je puisse vivre dans ce monde sans en être. Fais que mon séjour dans ce monastère rende ma rencontre avec toi aussi forte, aussi profonde, aussi durable que celle de Paul sur la route de Damas. Ainsi, je verrai le monde avec tes yeux. Amen.

Tu es la Vérité, Seigneur. Si je m'enracine en toi, je vivrai dans la vérité. Aide-moi à vivre une vie authentique. Que je sois guidé non par la popularité, l'opinion publique, la mode du jour ou les idées reçues, mais par cette connaissance qui me vient de toi.

Dans certaines circonstances, il peut être difficile, même douloureux de se tenir à la vérité, d'être véridique. Cela peut mener à l'oppression, à la persécution et même à la mort. Sois à mes côtés, Seigneur, si cela doit m'arriver un jour. Fais-moi comprendre alors que se donner à la Vérité, c'est se donner à toi. Fais-moi réaliser qu'amour et vérité ne peuvent être séparés, que vivre dans la vérité est la même chose qu'être fidèle à un grand amour.

Seigneur, rapproche-moi toujours plus de toi. Tu es mon maître, et c'est par amour que tu me guides et m'enseignes. Amen.

Seigneur Jésus, en ce jour consacré à l'Eucharistie, je pense aux millions de personnes qui manquent de nourriture et aux millions d'autres qui manquent d'amour. Moi, je suis bien nourri et comblé d'affection. Le fait de savourer les fruits de la terre et l'amour de mes frères me rend conscient des privations matérielles et affectives de tant d'êtres humains.

Ma foi en ta présence dans la fraction du pain ne doit-elle pas porter au-delà du cercle intime de mes frères ? Ne doit-elle pas s'élargir à la dimension du monde ? Soulager le plus possible de misères humaines ?

Si je peux te reconnaître dans le sacrement de l'Eucharistie, je dois aussi pouvoir te reconnaître dans ces hommes, ces femmes et ces enfants qui meurent de faim. Si ma foi en ta présence sous les espèces du pain et du vin ne me pousse pas à agir pour aider l'humanité, je suis toujours un incroyant. Seigneur, je te prie d'affermir ma foi en ta présence dans l'Eucharistie. Que cette foi porte des fruits dans la vie de plusieurs de mes frères et de mes sœurs du monde. Amen.

Mon Seigneur, quand ton côté fut percé il en sortit de l'eau et du sang. C'est de là qu'est née ton Église, une communauté nouvelle fondée sur le baptême et le sacrifice de l'eucharistie. C'est ton amour, manifesté par ta mort sur la croix, qui a donné naissance à une vie nouvelle, à une nouvelle solidarité, à un nouveau règne.

Ô Seigneur, je prie pour que ton Église, communauté née de la croix, parvienne à résister aux puissances de division et de destruction qui menacent notre monde. Que l'amour de ton Église soit assez fort pour démanteler et désarmer les ogives nucléaires, les missiles et les vaisseaux de guerre. Qu'il ramène à la raison ceux qui les construisent en quantité toujours plus grande. Donne à ton peuple la foi et le courage nécessaire pour s'élever contre cette folie destructrice qui ne peut qu'entraîner l'anéantissement de toutes les forces en présence.

Ô Seigneur, que notre amour soit fort et sans crainte et que ton nom soit proclamé en signe d'espérance. Amen.

Des milliers de personnes sont chassées de leur pays, Seigneur. Des milliers meurent en mer sur des bateaux qui ne trouvent pas de port d'accueil. Des milliers sont entassées dans des camps sans espoir de retrouver une vie de famille normale. Jour après jour, le nombre des réfugiés s'accroît. Il devient manifeste que nous vivons dans un monde foncièrement inhospitalier.

Ô Seigneur, enseigne-moi les moyens de faire face à cette tragédie humaine. Montre-moi comment vivre dans la fidélité à ta parole en ces jours d'angoisse et de désespérance pour d'innombrables humains. Donne-moi un esprit éclairé, un cœur fervent et une volonté forte pour que je parle et que j'agisse selon ton grand commandement de l'amour.

Je vois bien ce qui arrive. Je réalise l'urgence de la situation. Je suis convaincu qu'il faut y répondre généreusement. Mais je ne sais pas clairement ce que tu attends de moi ici et maintenant. Je te prie de m'aider à trouver ma voie comme disciple qui désire marcher à ta suite. Amen.

Ô Seigneur, tu es venu apporter la paix, offrir la réconciliation, guérir les blessures causées par les tensions et les divisions, montrer comment il est possible pour des hommes et des femmes de surmonter leurs différences et de vivre dans l'unité. Tu nous as révélé ton Père comme père de tous les humains. Un Père qui ne connaît ni ressentiment ni vengeance. Un Père qui prend soin de chacun de ses enfants avec un amour infini et avec miséricorde. Qui n'hésite pas à les faire entrer dans sa propre maison.

Mais notre monde d'aujourd'hui ne ressemble pas du tout à un monde qui aurait connu ton Père. Les pays sont déchirés par la haine, la violence, la guerre, le chaos. En plusieurs endroits, la mort règne. De nombreux pays n'ont pas connu la paix depuis plusieurs années. Même dans des pays qui sont officiellement en paix, la violence est toujours présente. Et dans notre propre pays, n'est-on pas plus près de la guerre que de la paix?

Ô Seigneur, n'oublie pas ce monde que tu es venu sauver. Ne tourne pas le dos à tes enfants qui désirent vivre dans l'harmonie mais sont constamment piégés par la peur, la colère, la violence, la cupidité, la suspicion, l'appétit de pouvoir. Apporte la paix à ce monde. Une paix que nous ne pouvons nous donner nous-mêmes. Éveille la conscience de tous les humains et celle de leurs leaders. Suscite des hommes et des femmes remplis d'amour et de générosité qui puissent parler de paix, bâtir la paix. Nous enseigner de nouveaux moyens de rejeter la haine, de panser les plaies, de restaurer l'unité. Ô Dieu d'amour, viens à notre aide. Ô Seigneur, hâte-toi de nous secourir. Amen.

Cher Seigneur, il est bien évident que tu as choisi des hommes dynamiques, intenses, passionnés pour répandre ta Parole! Pierre, impulsif, énergique, exubérant. Paul, perspicace, dévoué, infatigable. Ces deux hommes sont les fondateurs de la nouvelle communauté des chrétiens, de Jérusalem à Rome.

Pierre t'a renié. Paul a persécuté tes disciples. Mais avec la même passion, ils t'ont dit « oui » lorsqu'ils eurent vu ton visage et entendu ta voix.

Toi, ô Seigneur, tu n'as pas choisi le tiède, le neutre, le ni chair ni poisson. Tu as appelé des hommes d'une seule pièce, capables d'exaltation comme d'accablement.

Merci, Seigneur, de m'inspirer cette pensée encourageante. Donne-moi le courage de vivre pleinement, même lorsqu'il y a des risques. De vivre intensément, même si c'est parfois souffrant. De vivre avec spontanéité, au risque de me tromper. Surtout, donne-moi de vivre toujours pour toi, fais de moi un instrument de ta Parole. Amen.

Seigneur, par une force sortie de toi, une femme a été guérie d'une maladie devant laquelle les médecins étaient impuissants et une jeune fille a été ramenée à la vie. Ainsi nous as-tu révélé que Dieu est un Dieu de Vie. Il n'y a pas de mort en Lui.

Je t'en prie, ô Seigneur, touche notre monde imprégné par une culture de mort et rappelle-le à une vie nouvelle. Donne vie, joie et vigueur nouvelle à ceux qui marchent dans l'ombre de la mort. À ceux qui sont malades ou mourants. À ceux qui sont déprimés et désespérés. À ceux qui sont remplis de ressentiment et de violence.

Partout où porte mon regard sur ce monde, je vois à l'œuvre le pouvoir de la mort. Je l'observe dans les conflits entre peuples et dans les rivalités entre individus. Ne laisse pas ces forces de ténèbres subjuguer ton peuple. Fais entrer ton pouvoir de vie dans tous les corps, les cœurs et les esprits. Que tous te reconnaissent comme le Fils du Dieu qui n'est pas le Dieu des morts, mais le Dieu des vivants. Amen.

Seigneur Jésus, Thomas, ton apôtre, a insisté pour te voir et toucher tes plaies. Les propos enthousiastes de ses amis le laissaient dans le doute. Il voulait vérifier par lui-même, percevoir ta présence par ses propres sens.

Comme je comprends son désir! Ne t'ai-je pas prié souvent et ardemment de me permettre de te voir, de te toucher? Et qu'est-ce que tu réponds? « Heureux ceux qui n'ont pas vu et qui ont cru. »

Me demandes-tu de demeurer dans l'obscurité de la foi? D'abandonner mon fiévreux désir d'une expérience sensible? Me demandes-tu de vivre avec une foi simple, à l'écoute des témoins qui t'ont vu après ta mort et qui ont basé leur enseignement sur le fait qu'ils t'avaient bien vu vivant?

Ô Seigneur, je crois; viens au secours de mon incrédulité. Amen.

Mon Dieu, aujourd'hui j'ai réfléchi à ces mots de Vincent van Gogh: « La marée monte et descend, mais la mer est toujours la mer. » Tu es la mer. Même si je vis des crêtes et des creux émotifs, même si ma vie intérieure est sujette aux fluctuations et aux revirements, Toi, tu es le même. Non pas à la manière du rocher qui ne change pas, mais plutôt à la manière de l'amoureux qui est fidèle. De ton amour je suis né. Par ton amour tu me maintiens en vie et sans cesse me rappelles ta présence. Il y a des jours de tristesse et des jours de joie; des sentiments de culpabilité et des sentiments de gratitude ; des échecs et des réussites. Mais tout cela a pour toile de fond ton amour qui ne se dément jamais.

Ma seule vraie tentation est de douter de ton amour. De croire ma misère hors de portée de ton amour. De me soustraire à ses rayons qui guérissent. Céder à cette tentation, c'est s'enfoncer dans les ténèbres du désespoir.

Ô Seigneur, toi dont l'amour et la bonté sont aussi vastes que l'océan, fais que je n'aie pas peur des bourrasques et des tempêtes de ma vie quotidienne. Fais que je me souvienne que les marées n'empêchent pas la mer d'être la mer. Amen.

6

Un cœur reconnaissant

(JUILLET-AOÛT)

La peur et l'anxiété ne nous quittent jamais tout à fait. Mais dans la mesure où prend place en nous une expérience plus fondamentale, ces sentiments perdent leur emprise. Cette expérience, c'est la gratitude. La prise de conscience du fait que la vie, dans toutes ses manifestations, est un don pour lequel nous voulons rendre grâce. Plus nous nous rapprochons de Dieu dans la prière, plus nous découvrons la prodigalité de ses dons. Nous pouvons même déceler cette présence au cœur de nos souffrances et de nos peines. Le mystère de la vie spirituelle consiste en ce que bien des événements, des personnes et des situations qui semblaient depuis longtemps nous couper de Dieu deviennent des moyens d'approfondir notre relation et notre union à Lui. Ce qui semblait une entrave se révèle une grâce. Dès lors, le cœur débordant de gratitude, on peut vivre en paix et dans la joie, même dans la tourmente et l'adversité.

Mon Dieu, je serai inquiet, tendu, mécontent, tant que je ne serai pas tout à fait en paix dans ta maison. Je ne cesse toutefois de cheminer, même s'il y a des jours où j'ai bien peur de ne jamais atteindre la cité sur la montagne. Comme Vincent van Gogh, je demande à l'ange que je rencontre en chemin : « La route va-t-elle donc toujours en montant ? » Il répond : « Oui, jusqu'à la toute fin. » Je lui demande encore : « Le voyage durera-t-il toute la journée ? » Il répond : « Du matin jusqu'au soir, mon ami. »

Je poursuis donc mon chemin, Seigneur. Je suis fatigué, souvent frustré, irrité, mais toujours confiant d'atteindre un jour la cité céleste, tout au loin, resplendissante dans le soleil du soir.

Rien ne me dit que ma vie sera plus facile dans les années qui viennent. Que mon cœur sera plus tranquille. Mais j'ai la certitude que tu m'attends. Que tu m'accueilleras dans ta maison après un si long trajet. Ô Seigneur, donne-moi le courage, l'espoir et la confiance. Amen.

Seigneur, tu m'as envoyé dans le monde pour prêcher ta Parole. Les problèmes de ce monde sont si complexes que je suis souvent dans l'embarras : ta Parole est si simple! Je ne sais trop quoi dire en présence de gens qui sont aux prises avec de graves problèmes sociaux ou économiques.

Toi, Seigneur, tu as dit: « Soyez rusés comme les serpents et candides comme les colombes. » Fais que je reste innocent et simple au cœur de ce monde complexe. Bien sûr, j'ai le devoir de m'informer, d'étudier les divers aspects des problèmes de la société, d'essayer de comprendre, dans la mesure du possible, la dynamique du monde contemporain. Une chose toutefois compte vraiment: que ces connaissances me servent à prêcher ta Parole de vérité plus fort et plus clair. Ne permets pas que la puissance du mal me séduise avec les complexités du monde, mais donne-moi la force de penser clairement, de parler librement et d'agir hardiment à ton service. Donne-moi le courage de révéler la colombe à ce monde plein de serpents. Amen.

Seigneur, tu as enjoint à tes disciples de ne rien apporter en mission, seulement un bâton de marche, et de demeurer dans les maisons où ils iraient prêcher ta Parole. Dans cet état de dénuement et de dépendance, ta puissance s'est manifestée. Ils ont incité les hommes et les femmes au repentir, ils ont chassé des démons, ils ont oint et guéri des malades.

Tant que je m'embarrasse de lourds bagages, de quelque nature que ce soit, physiques, mentaux ou émotifs, tant que je me préoccupe de mes propres projets et ambitions, comment puis-je espérer témoigner de ta Parole et guérir en ton Nom ?

Aide-moi, Seigneur, à me détacher de plus en plus de ce qui t'empêche de rejoindre, à travers moi, les hommes, les femmes et les enfants qui souffrent. Montre-moi le chemin de la pauvreté pour que soit manifestée ta richesse. Apprends-moi la faiblesse pour que soit révélée ta force. Amen.

Seigneur Jésus, personne ne connaît le Père céleste sauf toi et ceux à qui tu choisis de le révéler. C'est manifester peu de foi et beaucoup de prétention que de chercher à te connaître par l'étude, les échanges spirituels et l'application au travail. Ni livres, ni études, ni retraites ne m'ont apporté quelque connaissance du Père. Seul toi peux le faire. Connaître Dieu, ton Père, c'est le don le plus grand que tu puisses faire.

À qui choisis-tu de donner cette connaissance ? Aux sages et aux instruits ? Non. À ceux qui sont comme des enfants. Qui sont ouverts même à ce qu'ils ne comprennent pas et qui reçoivent tout comme un don.

Me choisiras-tu, moi aussi ? Je me demande souvent si mes connaissances sur Dieu ne constituent pas le principal obstacle à ma connaissance de Dieu. Mais toi, Seigneur, tu peux ouvrir toutes les portes. Aucun mur ne t'arrête. Tu peux trouver en moi l'enfant qui a toujours désiré ardemment faire la connaissance de ton Père aimant. Viens, Seigneur Jésus. Choisis-moi ! Amen.

Tu nous dis, Seigneur : « Prenez sur vous mon joug et mettez-vous à mon école, car je suis doux et humble de cœur… » Ces paroles m'ont suivi toute la journée parce que je me suis rendu compte qu'il m'arrive souvent de me plaindre de mon fardeau et d'entendre les autres faire de même. Souvent, ma vie me pèse, avec ses corvées et ses soucis. Il en faut peu alors pour me jeter dans le pessimisme et la déprime, pour chercher à attirer l'attention sur « mon » problème, pour gaspiller temps et énergie dans l'aigreur et l'irritation.

Tu ne nous promets pas de nous enlever notre fardeau, mais tu nous invites à nous charger du tien. Ce fardeau, c'est le péché du monde. Tu l'as porté. Tu es mort sous son poids. Ainsi l'as-tu rendu léger.

Ô Seigneur, détourne mon attention des faux fardeaux. Fais qu'elle se porte sur les vrais fardeaux. Donne-moi de porter le tien, en union avec toi. Je sais que c'est ainsi que j'arriverai à surmonter les tentations d'amertume et de ressentiment. À vivre dans la joie et dans la gratitude, à ton service.

Fais que je comprenne mieux ta Parole : « Mon joug est aisé et mon fardeau léger. » Amen.

Mon Seigneur, est-ce que je n'exige pas de toi des signes, comme le faisaient les pharisiens ? Bien sûr, je ne m'attends pas à des guérisons miraculeuses, ni à une danse du soleil. Mais il m'arrive souvent de désirer que tu touches mon cœur et celui de mes amis d'une façon toute particulière. Je désire souvent la paix intérieure, la sérénité et la douceur qui me fassent sentir ton amour et ta bonté.

Mais toi, Seigneur, tu me demandes d'accepter le signe de Jonas : celui de ta mort et de ta résurrection. Ce n'est pas dans les événements extraordinaires que tu m'appelles à te découvrir, mais plutôt dans l'expérience angoissante du séjour dans le « ventre du monstre marin ». Tes amis, tu ne leur épargnes pas l'amertume de ce monde, mais tu les amènes à la vivre avec toi. De sorte qu'ayant partagé ta mort ils puissent aussi avoir part à ta résurrection.

Je prie pour que ma foi en toi ne demande pas d'autre signe que celui de Jonas. Toi-même m'as donné ce signe. Cela devrait me suffire.

En toi, Seigneur, je mets mon espoir. Amen.

Seigneur Jésus, ton disciple Jacques convoitait une place spéciale dans ton Royaume. Une place tout près de toi. Il est vrai que tu lui avais montré une affection particulière. Il était du trio que tu avais invité à entrer dans la maison de Jaïre dont tu allais ressusciter la fille. De même t'avait-il accompagné au mont Thabor où tu as été transfiguré. Mais tu as mis les points sur les i : être ton ami signifiait aussi souffrir avec toi. Quand tu lui as demandé s'il pourrait boire la coupe qui serait la tienne, il a dit oui avec la même ardeur.

Tu as aimé ce jeune homme débordant de zèle dont le plus grand désir était d'être avec toi toujours et partout. Tu lui as fait comprendre, de même qu'à tous tes disciples, que c'était le service de Dieu et d'autrui, non le pouvoir, qui comptait dans ton Royaume. Lentement, tu as changé le cœur de Jacques. Au lieu de la soif du pouvoir, tu lui as donné une soif plus profonde. Il t'a suivi. Il a bu la coupe que tu as bu. Il a été un des premiers apôtres à mourir pour toi.

Ô Seigneur, convertis mon cœur comme tu as converti le cœur de Jacques. Amen.

Mon Dieu, comme il arrive souvent que ta Parole soit étouffée par les soucis et les biens de ce monde ! Pour pousser des racines profondes et donner une moisson abondante, ta Parole requiert un cœur libre, ouvert, serein. Je sais, Seigneur, que ta Parole a le pouvoir de transformer le cœur et l'esprit. Qu'elle est vivante et agissante. Mais comment peut-elle être efficace si elle est reçue par un cœur anxieux ? Un cœur qui constamment rumine le passé et s'inquiète de l'avenir ? Un cœur dévoré par la culpabilité, la jalousie, l'envie et la convoitise ? Un cœur sans cesse tourmenté. Pas étonnant qu'un tel cœur empêche ta Parole de donner du fruit.

Ô Seigneur, fais que mon cœur reçoive ta Parole comme une bonne terre accueille la semence. Que ta Parole fasse jaillir une vie nouvelle et un nouvel amour dans ce monde aride. Amen.

Seigneur, même quand tu cherchais à te retirer avec tes amis, une foule de gens continuaient de te suivre dans l'espoir d'entendre ta Parole et d'être guéris par ta main. Touché par leur besoin d'un pasteur, tu les enseignais et tu les guérissais. Et le soir venu, quand tu les voyais fatigués et affamés, tu les faisais asseoir sur l'herbe et tu leur donnais du pain et des poissons en abondance pour qu'ils ne retournent pas chez eux le ventre vide.

Ce qui me frappe, Seigneur, c'est le fait que ceux qui t'ont suivi sans ce soucier de nourriture ou de repos ont eu précisément tout cela, sur la rive du grand lac. Il me semble entendre ta réponse au démon tentateur : « L'homme ne vit pas seulement de pain, mais de toute parole qui sort de la bouche de Dieu. » Ceux qui sont affamés de ta Parole reçoivent aussi le pain dont ils ont besoin. Tu prends soin de ceux qui ont pris le risque de te suivre dans les lieux déserts.

Ô Seigneur, fais que mes besoins de nourriture et de sécurité ne prennent jamais le pas sur mon désir d'entendre ta Parole et d'être guéri par ta main. Je veux te suivre. Te faire confiance au point de croire que tu me donneras tout ce dont j'ai besoin, quand j'en aurai besoin.

Approfondis et affermis ma foi. Amen.

Dieu d'amour, on m'a rapporté cette semaine toute une série de malheurs et d'épreuves qui m'ont attristé. Accidents de voiture, maladies graves, mort, dépression, perte de la foi, incapacité de prier, sentiment d'impuissance : autant de cris qui te sont adressés pour que tu prodigues la guérison, l'espoir, la foi, le courage et la force. Ô Seigneur, reste avec ton peuple. Ne l'abandonne pas dans la peur et la désespérance. Fais-lui comprendre que tu es un Dieu fidèle. Que tu as fait avec lui une nouvelle Alliance. Que tu ne renieras jamais ta Parole d'amour.

Par-dessus tout, Seigneur, fais que ceux qui souffrent se souviennent que tu as porté la souffrance du monde, que tu es mort pour apporter une vie nouvelle. Que ceux qui sont angoissés voient en ta croix un signe d'espérance. Qu'ils aient conscience de compléter ce qui manque aux souffrances du Christ dans leur corps, pour son Corps qui est l'Église. Aide-nous à comprendre que nos souffrances ont valeur de rédemption.

Ô Seigneur, montre ta miséricorde et ton amour infini à tous ceux qui souffrent. Amen.

Ô Seigneur, tu es le Verbe de Dieu par qui tout a été fait. Rivières et arbres, montagnes et vallées, oiseaux et chevaux, blé et maïs, soleil et étoiles, pluie et tonnerre, vent et tempêtes, et par-dessus tout, les humains — hommes et femmes, jeunes et vieux, noirs et blancs, bruns et rouges, fermiers et enseignants, moines et gens d'affaires. Toi, le Verbe du Père tout-puissant, tu te laisses découvrir à travers la création née de la Parole de ton Père qui, contemplant ce qu'il avait créé, vit que cela était bon.

Je te rends grâce pour tant de beauté. Je te loue pour les artistes, peintres, sculpteurs, musiciens, danseurs et écrivains, qui m'ouvrent les yeux à la splendeur de ta présence divine dans l'univers.

Gloire à toi, Seigneur, et à ton Père Tout-puissant, créateur du ciel et de la terre ! Amen.

Cher Seigneur, mon séjour à l'abbaye touche à sa fin. Dans quelques jours, je n'aurai plus le soutien des heures régulières de la prière communautaire. Ni du silence de ce lieu. Ni de l'affection attentionnée de cette belle fraternité. Je m'en vais dans un lieu plus agité pour enseigner, prêcher, conseiller. Parce que c'est la voie dans laquelle tu m'as mis. Je prie pour que tu restes au centre de mes pensées, de mes paroles et de mes actions. Je prie pour que ta présence, que j'ai ressentie si intensément ici, guide également ma vie à l'université. Surtout, je te prie de m'aider à trouver encore du temps pour toi. Pour toi seul.

Que la certitude de ton amour comble mon cœur et mon esprit. De sorte que je puisse témoigner de toi librement, ouvertement et courageusement. Que je puisse apporter ta paix et ta joie à tous ceux qui te cherchent, consciemment ou pas. Amen.

Seigneur adoré, mon cœur déborde de gratitude pour le temps que tu m'as donné de vivre à l'abbaye de Genesee. Ma prière n'a peut-être pas été aussi profonde ni aussi intime que j'aurais voulu. Mon esprit a souvent été distrait par des petits soucis et des inquiétudes de peu d'importance. Mais quand je revois ces heures, je comprends que tu m'as fait vivre dans une maison habitée par l'Esprit. Que tu m'as prêté des frères qui me considèrent comme un des leurs et qui veilleront sur moi où que j'aille. Je sais que je pourrai toujours revenir. Que je pourrai toujours me recommander à leur prière. Que je pourrai toujours compter sur le soutien spirituel de mes frères d'ici.

Je te remercie, ô Seigneur, pour cette grâce inestimable. Je prie pour que ma vie d'enseignant soit enrichie par cette faveur. Que je garde toujours foi en l'esprit de cette fraternité. Que je sois en mesure de partager avec tous ceux auprès de qui tu m'envoies la force nouvelle dont j'ai fait l'expérience ici.

Ô Seigneur, comble de tes bénédictions ces frères qui m'ont révélé de façon si limpide la réalité de ton amour. Amen.

Épilogue

Les prières réunies dans ce livre sont en quelque sorte une correspondance de six mois avec Dieu. À la relecture, il me semble qu'elles cachent plus de choses qu'elles n'en révèlent. Elles laissent voir un cœur craintif qui invoque la miséricorde divine. Elles parlent d'espoir, de foi en la puissance de l'Esprit et de gratitude. Le mouvement qui les traverse va de l'introspection égocentrique à un début de libération intérieure. Libération qui crée un espace pour accueillir la souffrance de l'autre et répondre à la grâce dans la gratitude. Je me rends compte cependant que ce qui reste caché dans ces textes, c'est la *prière*.

Un an après leur rédaction, les mots de ces prières m'apparaissent comme les murs qui entourent un lieu de silence. Ces prières ne sont que le contexte de la prière. S'il y a maintenant pour moi une évidence, c'est que je ne peux pas prier, mais que l'Esprit de Dieu prie en moi. La prière de Dieu ne s'exprime pas en paroles. Elle habite le silence qui précède et prolonge les paroles.

La prière, c'est la respiration de l'Esprit Saint en nous. Son cri — *Abba*, Père !—vient du tréfonds de notre être. La prière, c'est la vie divine en nous. Une vie dont nous ne sommes que faiblement conscients. Une vie qui transcende les capacités de nos sens. Je dois donc dire que ces prières masquent la prière de Dieu. Cette prière, il sera toujours impossible de l'imprimer dans un livre.

Le grand mystère de la vie, c'est que le Seigneur de la Vie ne peut être connu que dans, et à travers, le fait de vivre. Sans un engagement concret dans la quotidienneté de la vie, on ne peut pressentir la présence aimante de celui qui agit en nous. Nos gestes d'amour, limités, nous révèlent l'Amour sans limite. Nos modestes actes de compassion révèlent son infinie miséricorde. Peureuses et hésitantes, nos paroles révèlent sa Parole qui apaise et éclaire. C'est véritablement à travers nos limites, nos faiblesses et nos blessures que nous expérimentons la puissance de guérison de l'Éternel.

Tous les jours nous sommes donc appelés à présenter la totalité de notre vie au Seigneur — tant nos joies que nos peines, nos succès que nos échecs, nos espoirs que nos craintes. Nous sommes appelés à le faire avec nos moyens limités, nos bégaiements et nos expressions boiteuses. C'est ce faisant que nous entendrons — dans notre esprit et notre cœur — la prière incessante de l'Esprit en nous.

Toutes nos prières sont en fait la confession de notre inaptitude à prier. Mais elles nous ouvrent tout de même à la présence miséricordieuse de Dieu. Nos prières sont uniques, tout comme notre existence. Les prières de ce livre sont simplement celles d'un être humain. Puisse-t-il y avoir bien d'autres prières faites par bien d'autres êtres humains, de sorte que la prière éternelle de Dieu, qui ne peut se dire en mots, continue de se répondre et de gagner les cœurs.

Table des matières

AGMV Marquis
MEMBRE DE SCABRINI MEDIA
Québec, Canada
2002